Aufläufe

Rezepte für den Thermomix TM 31

Vorwort

Aufläufe, egal ob herzhaft oder süß, sind ein sehr beliebtes leckeres Essen und aus unseren Küchen kaum wegzudenken.

Unsere Gerichte werden mit dem Thermomix einfach und schnell zubereitet. Sie schmecken Groß und Klein und der Vielfalt sind keine Grenzen gesetzt. Wenn die Zeit etwas knapp ist, lassen sich die Gerichte gut vorbereiten, denn der Ofen übernimmt die restliche Arbeit.

Sie finden in unserem Kochbuch Aufläufe und Gratins mit Nudeln, Kartoffeln, Hackfleisch sowie Lachs und Scampi, aber auch eine Auswahl an süßen Variationen in unterschiedlichen leckeren Kombinationen.

Wir haben alle Rezepte mit dem Thermomix für Sie getestet, so dass diese mal mit mehr oder weniger Aufwand problemlos funktionieren.

Für einige Rezepte wird ein Fond benötigt, die Zubereitung finden Sie gleich auf der nächsten Seite.

Wir hoffen, dass auch für Sie die richtigen Rezepte dabei sind und wünschen Ihnen viel Spaß beim Zubereiten.

Fond aus Fleisch oder Fisch

Zutaten

600 g	Hühnerklein bzw. Rinderklein oder Fischabschnitte	3	Lorbeerblätter
		5	Pimentkörner
		1	Zwiebel
1500 g	Wasser	2 Tl	Salz
160 g	Suppengrün	Pfeffer nach Geschmack	

Zubereitung

- Fleisch zerkleinern (so dass es in das Garkörbchen passt)
- Zwiebel und Suppengrün waschen, putzen, in Stücken in den Mixtopf geben und **5 Sek. / Stufe 7** zerkleinern.
- Gewürze und Wasser hinzufügen und das Körbchen mit dem Hühnerklein einhängen, **40 Min. / 100°C / Stufe 2** garen.
- Das Garkörbchen herausnehmen und den Fond durch ein Sieb abgießen.

Da sich auf die gleiche Weise auch Rinder- oder Fischfond herstellen lässt, müssen Sie hierfür nur die geänderten Garzeiten beachten:
Die Garzeit bei Rinderklein beträgt **1½ Std. / 100°C / Stufe 2**.
Die Garzeit bei Fischabschnitten beträgt **40 Min. / 100°C / Stufe 2**.

Gemüsefond

Zutaten

1500 g	Wasser	3	Lorbeerblätter
1 Bd.	Suppengrün	5	Pimentkörner
1	Zwiebel, halbiert	1½ Tl	Salz
		Pfeffer nach Geschmack	

Zubereitung

- Gemüse waschen, putzen, ggf. schälen und grob zerkleinern.
- Gemüse, Zwiebel, Lorbeerblätter und Piment in den Mixtopf geben und **4 Sek. / Stufe 7** zerkleinern.
- Wasser und Salz dazugeben und **25 Min. / 100°C / ⟳ / Stufe 1** kochen.
- Den Fond durch ein Sieb abgießen.

Inhaltsverzeichnis

Schupfnudelauflauf mit Hähnchen

Zutaten für 4–5 Personen

80 g	Parmesan, in Stücken
30 g	Käse, in Stücken z.B. Gouda
1	Zwiebel
1	Knoblauchzehe
2 El	Öl
300 g	Blattspinat (TK), aufgetaut
500 g	Schupfnudeln (Kühltheke)
400 g	Hähnchenbrustfilet, in Streifen
2	große Tomaten, gewürfelt

etwas Salz, Pfeffer und Muskatnuß

25 g	Butter
20 g	Mehl
360 g	Milch
2 El	Pinienkerne

Zubereitung

- Backofen auf **200°C Ober-/Unterhitze** vorheizen.
- Den Parmesan in den Mixtopf geben, **8 Sek. / Stufe 8** reiben und umfüllen.
- Käse in den Mixtopf geben, **4 Sek. / Stufe 8** zerkleinern und umfüllen.
- Zwiebel und Knoblauch in den Topf geben, **5 Sek. / Stufe 5** zerkleinern u. runterschieben.
- Öl hinzugeben und **4 Min. / Varoma / Stufe 2** dünsten.
- Spinat ausdrücken und grob zerkleinern.
- Schupfnudeln, Fleisch, Spinat und Tomatenwürfel in einer Auflaufform vermengen und mit Salz, Pfeffer und Muskat würzen.
- Butter im Mixtopf **2 Min. / 100°C / Stufe 1** schmelzen.
- Mehl hinzufügen und nochmals **2 Min. / 100°C / Stufe 1** anschwitzen.
- Milch zugießen, **5 Min. / 80°C / Stufe 3** kochen.
- 40 g Parmesan mit dem Spatel unter die Soße rühren.
- Die Soße in die Auflaufform füllen u. mit dem Rest Parmesan, den Pinienkernen sowie dem Käse bestreuen.
- Für **ca. 25 Min.** im Backofen backen.

Penne mit Pilzen

Zutaten für 4–5 Personen

150 g	Käse, z.B. Gouda
1500 g	Wasser mit 1–2 Tl Salz
350 g	Nudeln, z.B. Penne
1	große Zwiebel, halbiert
45 g	getrocknete Tomaten in Öl
1	Knoblauchzehe
2 El	Öl
1 El	Mehl
300 g	Pilze, z.B. Champignons
200 g	Putenfleisch, gewürfelt
200 g	Sahne
1 Tl	Brühe (Instant)
75 g	Schmelzkäse
150 g	Milch
1½ Tl	Salz
½ Tl	Pfeffer
3 El	glatte Petersillie, gehackt

Zubereitung

- Käse im Mixtopf **4 Sek. / Stufe 8** zerkleinern und umfüllen.
- Wasser einwiegen, **8 Min. / 100°C / Stufe 2** kochen.
- Nudeln dazugeben, **8 Min. / 100°C / 🕙 / ⌀** garen, abgießen u. in eine Auflaufform füllen.
- Backofen auf **200°C Ober- / Unterhitze** vorheizen.
- Zwiebel, Tomaten und Knoblauch **3 Sek. / Stufe 5** zerkleinern.
- Öl und Mehl hinzufügen und **4 Min. / Varoma / Stufe 2** andünsten.
- Die Pilze putzen und in Scheiben schneiden.
- Pilze und Fleisch zu den Zwiebeln geben und **4 Min. / 80°C / 🕙 / ⌀** erhitzen.
- Die restlichen Zutaten, außer den geriebenen Käse, zugeben und **3 Min. / 80°C / 🕙 / ⌀** garen.
- Die Masse in die Auflaufform gießen und mit den Nudeln vermengen.
- Mit dem Käse bestreuen und **ca. 25 Min.** in den Backofen stellen.

Hackfleischauflauf mit Kartoffelpüree

Zutaten für ca. 4 Personen

1000 g	Kartoffeln, mehlig kochend
450 g	Milch
70 g	Butter
1 Tl	Trüffelöl
1½ Tl	Salz
Muskatnuss	

Hackfleischsoße

1	Zwiebel, halbiert
1	Knoblauchzehe
100 g	Möhren, in Stücken
100 g	Lauch
100 g	rote Paprika
30 g	Öl
500 g	Hackfleisch
100 g	Gemüsebrühe
2 El	Tomatenmark
1½ Tl	Salz
200 g	Crème fraîche
3 El	„8" Kräuter (TK)
125 g	Kräuterschmelzkäse

Tipp:

Sie können den Auflauf auch wie eine Lasagne schichten.
Schließen Sie mit der Soße ab und verteilen sie dann den Schmelzkäse.

Zubereitung

- Kartoffeln schälen und vierteln. Rühraufsatz einsetzen.
- Kartoffeln, Milch, Butter, Trüffelöl, Salz und etwas Muskatnuss in den Mixtopf geben, **30 Min./100°C/Stufe 2** kochen. Das Garkörbchen als Spritzschutz verwenden.
- Kartoffelbrei in eine Auflaufform füllen, Rühraufsatz entfernen und den Mixtopf spülen.
- Zwiebel, Knoblauch, Möhren, Lauch und Paprika in den Mixtopf geben, **10 Sek./Stufe 7** zerkleinern.
- Öl zur Gemüsemischung in den Mixtopf geben und **10 Min./Varoma/Stufe 2** dünsten.
- Backofen auf **200°C Ober-/Unterhitze** vorheizen.
- Hackfleisch, Brühe, Tomatenmark und Salz hinzufügen, **10 Min./Varoma/↺/⊘** garen.
- Crème fraîche und Kräuter **15 Sek./↺/Stufe 2** unterrühren.
- Die Hackfleischsoße in die Auflaufform gießen, das Kartoffelpüree darauf verstreichen und den Schmelzkäse darauf verteilen.
- Den Auflauf **ca. 25–30 Min.** backen.

Tassen-Auflauf

Zutaten für 2 Tassen

1000g	Wasser mit 1 Tl Salz
110 g	Nudeln, z.B. kleine Muscheln
1	kleine Zwiebel, halbiert
1	kleine Knoblauchzehe
100 g	Speck, gewürfelt
1 El	Öl
130 g	Crème fraîche
2	Eier
2 Tl	Schnittlauch, in Röllchen geschnitten

etwas Pfeffer

Zubereitung

- Wasser im Mixtopf **8 Min.** /**100°C** /**Stufe 1** kochen.
- Nudeln hinzufügen, **7–8 Min.** /**80°C** /⟳/**Stufe 1** garen, abgießen und zur Seite stellen.
- Backofen auf **180°C Ober-** /**Unterhitze** vorheizen.
- Die Zwiebel und den Knoblauch im Mixtopf **4 Sek.** /**Stufe 5** zerkleinern, anschließend mit dem Spatel runterschieben.
- Speck und Öl hinzufügen, **3 Min.** /**Varoma** /**Stufe 1** dünsten.
- Nudeln, Crème fraîche, Eier, Schnittlauch und Pfeffer zu der Speckmischung geben, **10 Sek.** /⟳/**Stufe 3** verrühren.
- Die Masse in zwei ausgebutterte Tassen füllen und **ca. 15–20 Min.** backen.

Apfel-Kartoffel-Auflauf

Zutaten für ca. 4 Personen als Beilage

50 g	Emmentaler Käse
600 g	Kartoffeln, mehlig kochend
1500 g	Wasser mit 1–2 Tl Salz
150 g	Äpfel, geschält in Stücken
100 g	Crème fraîche
200 g	Sahne
1 Tl	Salz

Muskat und Pfeffer nach Belieben

Zubereitung

- Käse in Stücken in den Mixtopf geben, **3 Sek. / Stufe 8** zerkleinern und umfüllen.
- Kartoffeln schälen, in Scheiben schneiden und in das Garkörbchen füllen.
- Wasser in den Mixtopf einwiegen.
- Garkörbchen einhängen und **10 Min. / 100°C / Stufe 2** garen.
- Backofen auf **200°C Ober- / Unterhitze** vorheizen.
- Das Körbchen mit den Kartoffeln zur Seite stellen und den Mixtopf leeren.
- Äpfel einwiegen, **5 Sek. / Stufe 4** zerkleinern und mit dem Spatel runterschieben.
- Sahne, Crème fraîche und Gewürze hinzugeben, **5 Sek. / Stufe 3** vermengen.
- Die Kartoffelscheiben in eine große Auflaufform oder 4 kleine Portionsförmchen schichten und mit der Masse übergießen.
- Mit Käse bestreuen und **ca. 25–30 Min.** backen.

Ratatouilleauflauf

Zutaten für ca. 4 Person

1	kleine Aubergine	110 g	Gemüsebrühe
1500 g	Wasser mit 1 Tl Salz	1	kleines Glas Maiskölbchen
200 g	Nudeln	40 g	schwarze Oliven ohne Stein
350 g	Zucchini, in Stücken	3 El	Tomatenmark
2	Knoblauchzehen	3 El	Thymian
250 g	Gemüsezwiebeln, in Stücken	100 g	Crème fraîche
3	Tomaten, geviertelt	1 Msp.	Chiliflocken
10 g	Ingwer	100 g	Schafskäse, zerbröselt
3 El	Öl		

Zubereitung

- Aubergine schälen, in Stücke von ca. 2 x 2 cm schneiden und mit etwas Salz bestreuen.
- Wasser in den Mixtopf geben und **8 Min. / 100°C / Stufe 2** kochen.
- Nudeln hinzufügen und je nach Nudelsorte **ca. 6–10 Min. / 100°C / ⟳ / ⬦** garen, abgießen und umfüllen.
- Zucchini, Knoblauch, Zwiebeln, Tomaten und Ingwer in den Mixtopf geben und **25 Sek. / Stufe 3–4** zerkleinern.
- Von der Aubergine das Salz abwischen und trocken tupfen.
- Backofen auf **195°C Ober- / Unterhitze** vorheizen.
- Öl, Gemüsebrühe und Auberginenwürfel zu der Gemüsemischung geben, **12 Min. / Varoma / ⟳ / ⬦** dünsten.
- Die Maiskölbchen und die Oliven halbieren.
- Tomatenmark, Thymian, Crème fraîche, Maiskölbchen, Chiliflocken und Oliven zum Gemüse geben, **30 Sek. / ⟳ / Stufe 2** mit Hilfe des Spatels vermengen (ggf. nochmals mit dem Spatel verrühren).
- Die Hälfte der Masse in eine Auflaufform füllen, Nudeln darauf geben und den Rest der Gemüsemischung darauf verteilen.
- Mit dem zerbröselten Schafskäse bestreuen und **ca. 35 Min.** backen.

Nudelauflauf mit Eischneehaube

Zutaten für ca. 4 Personen

1500 g	Wasser mit 1–2 Tl Salz		3	Eier
200 g	Nudeln, z.B. Penne		60 g	Milch
250 g	Kochschinken oder		200 g	Crème fraîche
	geräucherte Pute		1 Tl	Salz
90 g	Zwiebeln, in groben Stücken		½ Tl	Pfeffer
15 g	Öl		½ Tl	Zucker
2	Tomaten, halbiert		Muskatnus nach Belieben	
200 g	Spargel halbiert (aus dem Glas)		2 El	Paniermehl
½ Bd.	Schnittlauch		2 El	Schafskäse, zerbröselt
½ Bd.	Petersilie			

Zubereitung

- Backofen auf **200°C Ober- /Unterhitze** vorheizen.
- Wasser in den Mixtopf füllen und **8 Min. /100°C /Stufe 2** kochen.
- Nudeln zugeben, **8 Min. /100°C /** ⟳/ garen, abgießen und in eine Auflaufform umfüllen.
- Den Schinken in 1 x 1 cm kleine Würfel schneiden und zwischen den Nudeln verteilen.
- Zwiebeln in den Mixtopf geben, **4 Sek. /Stufe 5** zerkleinern, mit dem Spatel runterschieben.
- Öl hinzufügen und **5 Min. /Varoma /Stufe 2** dünsten.
- Tomaten, Spargel, Schnittlauch und Petersilie dazugeben und **2 Sek. /Stufe 4** zerkleinern.
- 1 Ei trennen.
- 2 Eier, 1 Eigelb, Milch, Crème fraîche und Gewürze zum Gemüse geben und **4 Sek. /** ⟳ **/Stufe 3** vermengen.
- Die Soße über die Nudeln gießen, mit Paniermehl und Schafskäse bestreuen.
- Rühraufsatz in den sauberen Mixtopf einsetzen, Eiweiß sowie eine Prise Salz dazu geben und **3 Min. /Stufe 3** steif schlagen.
- Den Eischnee als Wölkchen auf dem Auflauf verteilen und dann **40 Min.** backen.

Cabanossi-Nudel-Auflauf

Zutaten für ca. 4 Personen

100 g	Käse, in Stücken z.B. Gouda
1500 g	Wasser mit 1–2 Tl Salz
400 g	Nudeln, z.B. Muscheln
250 g	Cabanossi
1 Bd.	Schnittlauch
2	Tomaten
1	Zwiebel, halbiert
1	Knoblauchzehe
20 g	Butter
100 g	Erbsen (TK)
200 g	Saure Sahne
100 g	Fond z.B. Geflügel
200 g	Sahne
70 g	Weißwein

Salz und Pfeffer nach Geschmack

Zubereitung

- Käse in den Mixtopf geben, **4 Sek. / Stufe 8** zerkleinern und umfüllen.
- Wasser in den sauberen Mixtopf füllen und **8 Min. / 100°C / Stufe 1** zum Kochen bringen.
- Nudeln zufügen, **11 Min. / 80°C / ↺ / Stufe 1** garen, abgießen und in die Auflaufform füllen.
- Backofen auf **200°C Ober- / Unterhitze** vorheizen.
- Cabanossi in Scheiben und Tomaten in Würfel schneiden.
- Schnittlauch in Röllchen schneiden.
- Zwiebel und Knoblauch **3 Sek. / Stufe 5** zerkleinern.
- Butter hinzugeben und **5 Min. / 100°C / Stufe 1** dünsten.
- Erbsen, Saure Sahne, Fond, Schlagsahne und Wein hinzugeben und **5 Min. / Varoma / ↺ / Stufe 1** kochen.
- Mit Salz und Pfeffer abschmecken.
- Die Sahnesoße zusammen mit den Cabanossi, den Tomaten und dem Schnittlauch zu den Nudeln geben und vermengen.
- Mit dem Käse bestreuen und **ca. 20 Min.** überbacken.

Pfannkuchen mit Räucherlachs – gratiniert

Zutaten für ca. 5 Stück

50 g	Parmesan, in Stücken	Füllung	
15 g	Butter	200 g	Räucherlachs
120 g	Mehl	150 g	Frischkäse
160 g	Milch	1 Tl	gemischte Kräuter (TK)
100 g	Mineralwasser	100 g	Schmand oder Saure Sahne
2	Eier	Salz und Pfeffer nach Geschmack	
½ Tl	Salz		
2 El	gemischte Kräuter (TK)		
Öl zum Ausbacken			

Zubereitung

- Parmesan im Mixtopf **6 Sek. / Stufe 8** zerkleinern, umfüllen und für die Füllung beiseite stellen.
- Butter in den Topf geben und **1 Min. / 80°C / Stufe 1** schmelzen.
- Die restlichen Teigzutaten hinzufügen und **3 Sek. / Stufe 4** mischen.
- Aus dem Teig in einer Pfanne mit etwas Öl fünf dünne Pfannkuchen ausbacken, diese dann 30 Min. ruhen lassen.
- Backofen auf **200°C Oberhitze** vorheizen.
- Im sauberen Mixtopf alle Füllungszutaten, außer den Lachs und den Parmesan, **10 Sek. / Stufe 3** cremig rühren.
- Die Creme auf die Pfannkuchen geben und verstreichen.
- Den Lachs auf jeweils eine Hälfte der Creme verteilen und zusammen klappen.
- Die Pfannkuchen noch einmal falten, so dass Viertel entstehen.
- Die Pfannkuchen auf einem mit Backpapier ausgelegten Backblech platzieren, mit Parmesan bestreuen und **ca. 10–15 Min.** gratinieren.

Schneller Nudelauflauf

Zutaten für ca. 4 Personen

100 g	Käse, z.B. Gouda
1500 g	Wasser mit 1–2 Tl Salz
300 g	Nudeln, z.B. Penne
2	Eier
200 g	Sahne
100 g	Schmelzkäse
1 Tl	Salz
½ Tl	Pfeffer
150 g	Putenfleisch
50 g	Pinienkerne

Zubereitung

- Käse in den Mixtopf geben, **4 Sek. /Stufe 5** zerkleinern und umfüllen.
- Wasser in den Mixtopf geben und **8 Min. /100°C /Stufe 2** kochen.
- Backofen auf **200°C Ober- /Unterhitze** vorheizen.
- Nudeln zum Wasser geben, **8 Min. /100°C /↺/⦿** garen, abgießen und in eine Auflaufform füllen.
- Eier, Sahne, Schmelzkäse, Salz und Pfeffer in den Mixtopf geben, **6 Sek. /Stufe 4** vermengen.
- Putenfleisch waschen, in 1 x 1 cm kleine Würfel schneiden und auf den Nudeln verteilen.
- Sahnesoße über die Nudeln gießen, mit Pinienkernen und Käse bestreuen.
- Im Backofen **ca. 25 Min.** backen.

Kartoffelauflauf mit Kassler

Zutaten für ca. 4 Personen

100 g	Käse z.B. Gouda
1000 g	Kartoffeln
1	Zwiebel, halbiert
1	Knoblauchzehe
300 g	Kassler in 1 x 1 cm Würfeln
2 El	„8" Kräuter (TK)
2	Eier
2 El	Mehl
1½ Tl	Salz
½ Tl	Pfeffer
3 El	Semmelbrösel

Zubereitung

- Backofen auf **200°C Ober- /Unterhitze** vorheizen.
- Käse in Stücken in den Mixtopf geben, **5 Sek. /Stufe 8** zerkleinern und umfüllen.
- Kartoffeln schälen, vierteln und mit der Zwiebel sowie dem Knoblauch in den Mixtopf geben und **15 Sek. /Stufe 5** zerkleinern.
- Restliche Zutaten, bis auf die Semmelbrösel, dazugeben und **15 Sek. /⟲/Stufe 2** vermischen.
- In eine Auflaufform füllen, mit den Semmelbröseln bestreuen und **ca. 45 Min.** backen.

Cannelloniauflauf

Zutaten für 3–4 Personen

220 g	Cannelloni		3 El	Öl
100 g	Käse, z.B. Gouda		2 El	Tomatenmark
1	Zwiebel		250 g	Hackfleisch
1	Knoblauchzehe		½ Tl	Salz
50 g	Möhren		¼ Tl	Pfeffer
50 g	Lauch		100 g	Sahne
1	rote Paprika		150 g	Ricotta

Zubereitung

- Die Cannelloni in einem Topf nach Packungsanleitung kochen, abgießen und auf einem Tuch abtropfen lassen.
- Käse in Stücken in den Mixtopf geben, **5 Sek. / Stufe 6** zerkleinern und umfüllen.
- Zwiebel, Knoblauch und Gemüse in groben Stücken in den Mixtopf geben und **6 Sek. / Stufe 7** zerkleinern.
- Öl und Tomatenmark hinzufügen, **6 Min. / Varoma / Stufe 2** andünsten.
- Hackfleisch, Gewürze, Sahne und Ricotta zugeben, **6 Min. / 100°C / ↺ / ∅** kochen.
- Die Masse in eine Schüssel umfüllen und etwas abkühlen lassen.
- Backofen auf **190°C Ober- / Unterhitze** vorheizen.
- Mit Hilfe eines Teelöffels die Canelloni mit der Hackfleischmasse füllen und diese dann in einer Auflaufform schichten.
- Mit Käse bestreuen und **ca. 30 Min.** backen.

Lasagne-Schinken-Rollen

Zutaten für 2 Personen

6	Lasagneplatten	Bechamelsoße	
250 g	Spinat (TK), aufgetaut	50 g	Butter
2	Schalotten	50 g	Mehl
1½	Knoblauchzehen	500 g	Milch
25 g	Öl	2 El	Parmesan, gerieben
130 g	Ricotta	1	Ei
½ Tl	Salz	etwas Salz u. Muskat	

etwas Pfeffer, Muskat u. Zucker

6 Scheiben gekochter Schinken

Zubereitung

- Lasagneplatten in Salzwasser nach Packungsanleitung kochen und auf einem Tuch abtropfen lassen.
- Spinat ausdrücken, etwas salzen und pfeffern und grob zerkleinern.
- Schalotten und Knoblauch in den Mixtopf geben, **4 Sek. / Stufe 5** klein hacken.
- Das Öl hinzufügen und **4 Min. / Varoma / Stufe 1** dünsten.
- Backofen auf **200°C Ober- /Unterhitze** vorheizen.
- Spinat hinzugeben und weitere **3 Min. / Varoma / Stufe 1** dünsten.
- Ricotta und Gewürze zur Spinatmasse geben, **25 Sek. / Stufe 1** vermengen.
- Auf jede Lasagneplatte eine Scheibe Schinken legen und die Spinatmasse darauf verteilen.
- Die Platten vorsichtig einrollen und in 2 kleine Auflaufformen oder auf tiefe Teller legen.
- Butter in den sauberen Mixtopf geben und **2 Min. / 100°C / Stufe 1** schmelzen.
- Mehl hinzufügen und **4 Min. / 100°C / Stufe 1** anschwitzen.
- Milch, Salz und Muskat dazugeben und **6 Min. / 90°C / Stufe 4** garen.
- Parmesan und Ei hinzufügen, **10 Sek. / Stufe 2** unterrühren.
- Die Soße über die Rollen gießen und **ca. 25–30 Min.** backen.

Moussaka

Zutaten für 4–5 Personen

1000 g	Auberginen		1½ Tl	Salz
2	Zwiebeln, halbiert		½ Tl	Pfeffer
2	Knoblauchzehen		½ Tl	Zucker
15 g	Öl			
450 g	Hackfleisch		**Käsesoße**	
450 g	Tomaten, stückig (FP)		350 g	Milch
1 El	Oregano		25 g	Mehl
1 El	Thymian		30 g	Käse, gerieben
1½ El	Tomatenmark		250 g	Ricotta
			¼ Tl	Muskatnuss
			¼ Tl	Salz
			Pfeffer nach Geschmack	

Zubereitung

- Auberginen in 1 cm dicke Scheiben schneiden, mit Salz bestreuen und ca. 10 Min. auswässern lassen.
- Backofen auf **200°C Ober- /Unterhitze** vorheizen.
- Zwiebeln und Knoblauch in den Mixtopf geben, **4 Sek. /Stufe 5** zerkleinern.
- Öl hinzugeben und **4 Min. /Varoma /Stufe 2** dünsten.
- Hackfleisch, Tomaten, Kräuter, Tomatenmark, Gewürze und Zucker dazugeben, **1½ Min. /↺/⌀** vermengen und umfüllen.
- Das Salz von den Auberginen entfernen, trocken tupfen und diese auf einem mit Backpapier ausgelegten Backblech verteilen.
- Die Auberginen mit etwas Öl bestreichen und **10 Min. backen.**
- Milch und Mehl in den sauberen Mixtopf geben, **6 Min. /100°C /Stufe 1** kochen.
- Die Hälfte der Auberginen in eine Auflaufform geben , mit Hacksoße übergießen und den Vorgang mit der anderen Hälfte nochmals wiederholen.
- Zu der Milch die restlichen Soßenzutaten in den Mixtopf geben, **5 Sek. /Stufe 3** vermengen und in die Auflaufform gießen.
- Die Mousssaka **ca. 40 Min.** backen.

Kartoffelpüreeauflauf mit Kassler und Kraut

Zutaten für 5–6 Personen

1	Zwiebel, halbiert	6 Scheiben Kassler ca. 1,5 cm dick	
1	Knoblauchzehe	100 g	Schafskäse
2 El	Öl	½ Bd.	Schnittlauch, in Röllchen geschnitten
250 g	Wasser		
1 Tl	Gemüsebrühe (Instant)	Kartoffelpüree	
3 Tl	Zucker	1000 g	Kartoffeln, mehlig kochend
1 Tl	Salz	450 g	Milch
½ Tl	Pfeffer	70 g	Butter
1 Dose	Sauerkraut	1 Tl	Trüffelöl
40 g	Speisestärke	1½ Tl	Salz
		Pfeffer und Muskat nach Belieben	

Zubereitung

- Zwiebel und Knoblauch im Mixtopf **3 Sek. / Stufe 5** zerkleinern.
- Öl hinzufügen und **4 Min. / 100°C / Stufe 2** dünsten.
- Wasser, Brühe, Gewürze und Sauerkraut hinzugeben, **20 Min. / 100°C / ↺ / ⬗** garen.
- Kurz vor Ende der Garzeit die Speisestärke mit 3–4 El Wasser anrühren und über die Deckelöffnung hinzufügen.
- Den Mixtopfinhalt umfüllen und den Mixtopf reinigen.
- Kartoffeln schälen und vierteln.
- Rühraufsatz einsetzen.
- Alle Zutaten für das Kartoffelpüree in den Mixtopf geben und **30 Min. / 100°C / Stufe 2** kochen. Das Garkörbchen als Spritzschutz verwenden.
- Backofen auf **200°C Ober- / Unterhitze** vorheizen.
- Den Kartoffelbrei in eine Auflaufform füllen und mit einem Löffel drei Rinnen ziehen.
- Die Sauerkrautmasse in den Rinnen verteilen und die Kasslerscheiben ganz oder halbiert in die Masse setzen.
- Mit zerbröseltem Schafskäse bestreuen und im Backofen **ca. 30 Min.** backen.
- Vor dem Servieren mit den Schnittlauchröllchen bestreuen.

Polnischer Kartoffelauflauf mit Speck

Zutaten für ca. 4 Personen

1250 g	Kartoffeln, geschält in Stücken
1	große Zwiebel, halbiert
2	Knoblauchzehen
55 g	Butterschmalz
250 g	Speck, gewürfelt
2 El	Majoran
1	Ei
4 El	Mehl
1½ Tl	Salz
½ Tl	Pfeffer

Zubereitung

- Backofen auf **200°C Ober- /Unterhitze** vorheizen.
- Kartoffeln im Mixtopf **30 Sek. /Stufe 5** reiben und umfüllen.
- Zwiebel und Knoblauch in den sauberen Mixtopf geben und **3 Sek. /Stufe 5** zerkleinern.
- Butterschmalz und Speck dazugeben, **5 Min. /Varoma /Stufe 1** andünsten.
- Kartoffeln, Majoran, Ei und Mehl zu den Zwiebeln geben, **20 Sek. /⟳/Stufe 3** vermengen.
- Mit Salz und Pfeffer abschmecken und in 4 kleine Auflaufformen füllen.
- Den Auflauf **ca. 25 Min.** (in einer großen Form ca. 40 Min.) backen.

Tipp:

Die Reste dieses Auflaufes schmecken toll wenn man sie in Streifen schneidet, in einer Pfanne anbrät und zum Schluss noch 1–2 Rühreier darüber gibt.

Spaghetti Pesto mit Scampi

Zutaten für 2 Personen

1500 g	Wasser mit 1–2 Tl Salz
200 g	Spaghetti Nr. 7
12	Kirschtomaten, halbiert
4–6 El	Pesto
50 g	Schafskäse
6	Scampi, ohne Schale

Zutaten für ca. 1 Glas grünes Pesto

65 g	Parmesan
1½	Knoblauchzehen
30 g	Pinienkerne
2	Töpfe Basilikum
160 g	Olivenöl
20 g	Sonnenblumenöl
3 El	Honig
1½ Tl	milder Senf
1	Prise Salz

Zubereitung

- Backofen auf **200°C Ober- /Unterhitze** vorheizen.
- Wasser im Mixtopf **8 Min. /100°C /Stufe 1** kochen.
- Die Spaghetti dazugeben und **8 Min. /100°C /**⟳/⌀ garen.
- Spaghetti umfüllen und abtropfen lassen.
- Den Mixtopf spülen und trocknen.
- Parmesan in Stücken, Knoblauchzehen und Pinienkerne im Mixtopf **15 Sek. /Stufe 10** zerkleinern.
- Die restlichen Zutaten hinzugeben und **22 Sek. /Stufe 7** pürieren.
- Tomaten und ca. 4–6 El Pesto mit den Nudeln vermengen. Je nach Geschmack können Sie auch etwas mehr Pesto hinzufügen.
- Spaghetti auf Tellern anrichten, mit Schafskäse bestreuen und **ca. 10 Min.** überbacken.
- Scampi säubern und in etwas Öl anbraten, etwas salzen und pfeffern.
- Die Scampi auf die überbackenen Spaghetti legen und servieren.

Tipp:

Um das Pesto aufzubewahren füllen Sie es in ein sauberes Schraubglas. Es sollte immer mit Öl bedeckt sein und hält sich so im Kühlschrank ca. 2 Wochen.

Grünes Pesto

Zutaten

65 g	Parmesan
1½	Knoblauchzehen
30 g	Pinienkerne
2	Töpfe Basilikum
160 g	Olivenöl
20 g	Sonnenblumenöl
3 El	Honig
1½ Tl	milder Senf
1	Prise Salz

Zubereitung

- Parmesan, Knoblauch und Pinienkerne in Stücken in den Mixtopf geben und **15 Sek. / Stufe 10** zerkleinern.
- Die restlichen Zutaten hinzugeben und **22 Sek. / Stufe 7** pürieren.
- Das Pesto in ein Schraubglas füllen und mit Öl bedecken. So hält es im Kühlschrank ca. 2 Wochen.

Gnocchi mit Pesto überbacken

Zutaten für ca. 3 Personen

1000 g	Wasser
500 g	Gnocchi (Fertigprodukt)
2	große Tomaten
100 g	Blattspinat (TK), aufgetaut
50 g	Weißwein
100 g	Sahne
30 g	Gorgonzola
3 El	Pesto (siehe Rezept linke Seite)
½	unbehandelte Limette, Saft und Abrieb
¼ Tl	Salz
¼ Tl	Pfeffer
20 g	Pinienkerne
2 El	geriebener Parmesan

Zubereitung

- Pesto nach Rezept zubereiten.
- Den Backofen auf **200°C Ober- /Unterhitze** vorheizen und die Auflaufform einfetten.
- Wasser in den Mixtopf einwiegen.
- Garkörbchen einhängen und die Gnocchi einfüllen, **5 Min. /100°C /Stufe 1** kochen, abgießen und die Gnocchi in die Auflaufform umfüllen.
- Tomaten entkernen und in Würfel schneiden. Für eine feinere Variante Tomaten mit kochendem Wasser übergießen, die Haut abziehen und würfeln.
- Spinat ausdrücken, und mit einem Messer grob zerkleinern.
- Wein, Sahne, Gorgonzola, Pesto, Limette und Gewürze im Mixtopf **5 Min. /100°C /Stufe 2** kochen.
- Tomaten und Spinat mit den Gnocchi vermengen und die Soße darüber gießen.
- Mit Pinienkernen und Parmesan bestreuen, im Backofen **ca. 15 Min.** überbacken.

Spitzkohl-Speck-Auflauf

Zutaten für ca. 4 Personen

1500 g	Wasser		1 Tl	Gemüsebrühe, Instant
150 g	Nudeln		1 Tl	Salz
450 g	Spitzkohl, geputzt in Stücken		etwas Pfeffer	
220 g	Möhren, geschält in Stücken		200 g	Crème fraîche
1	rote Paprika, in Stücken		100 g	Erbsen (TK)
2	Knoblauchzehen		300 g	Speck, gewürfelt
10 g	Ingwer, geschält		2	Eier
125 g	Milch		70 g	Emmentaler Käse, gerieben
1 Tl	getrocknetes Basilikum		etwas Muskat	
			70 g	Schafskäse, zerbröselt

Zubereitung

- Wasser im Mixtopf **8 Min. / 100°C / Stufe 2** kochen.
- Nudeln hinzufügen und je nach Sorte **ca. 8–10 Min. / 100°C / ↺ / ⌀** garen.
- Nudeln abgießen und zur Seite stellen.
- Spitzkohl, Möhren, Paprika, Knoblauch u. Ingwer in den Mixtopf geben, **25 Sek. / Stufe 3** mit Hilfe des Spatels zerkleinern.
- 160 g Wasser, Milch, Basilikum, Brühe, Salz und Pfeffer zufügen, **15 Min. / Varoma / ⌀** dünsten.
- Backofen auf **200°C Ober- / Unterhitze** vorheizen.
- Crème fraîche, Erbsen, Speck, Eier, Emmentaler und Muskat hinzufügen, **30 Sek. / ↺ / Stufe 3** vermengen.
- Die Nudeln und die Masse abwechselnd in eine Auflaufform schichten. Mit der Masse beginnen und abschließen.
- Mit Schafskäse bestreuen und **ca. 30 Min.** backen.

Gefüllte Cannelloni in Tomatensoße

Zutaten für 2 Personen

10	Cannelloni	200 g	Hackfleisch
180 g	Mozzarella, in Stücken	70 g	Quark
1	Zwiebel, halbiert	1 Dose	Tomaten, stückig (ca. 400 g)
2	Knoblauchzehen	1 Tl	Salz
2 El	Öl	½ Tl	Zucker
180 g	Blattspinat (TK), aufgetaut	1 Tl	Oregano
60 g	Crème fraîche	1 Tl	Thymian
			Pfeffer nach Geschmack

Zubereitung

- Cannelloni nach Packungsangabe im Kochtopf kochen, abgießen und abtropfen lassen.
- Backofen auf **200°C Ober- /Unterhitze** vorheizen.
- Mozzarella im Mixtopf **5 Sek. /Stufe 5** zerkleinern und umfüllen.
- Zwiebel und Knoblauch in den Topf geben, **4 Sek. /Stufe 5** zerkleinern.
- Öl hinzufügen und **4 Min. / Varoma /Stufe 2** dünsten.
- Spinat ausdrücken und grob zerkleinern.
- 80 g Mozzarella, Crème fraîche, Hackfleisch, Quark und Spinat zu den Zwiebeln geben und **20 Sek. /↺/Stufe 2** vermengen.
- Die Cannelloni mit der Hackfleischmischung füllen und in eine Auflaufform legen.
- Tomaten und Gewürze in den Mixtopf geben und **4 Min. /Varoma/ Stufe 1** erhitzen.
- Die Soße über die Nudeln gießen und mit dem restlichen Mozzarella bestreuen.
- Die Cannelloni **ca. 30 Min.** backen.

Lasagne mit Meeresfrüchten

Zutaten für ca. 4 Personen

200 g	Meeresfrüchte (TK), aufgetaut
6	Lasagneplatten
40 g	Butter
35 g	Mehl
400 g	Milch
12 g	Krebspaste
30 g	Weißwein
50 g	Crème fraîche
70 g	Fischfond
1 Tl	Salz
1 Tl	Zucker
½	Limette, Saft und Abrieb

Zubereitung

- Backofen auf **190°C Ober- /Unterhitze** vorheizen.
- Meeresfrüchte gut abtropfen lassen und ggf. trocken tupfen.
- Lasagneplatten in Salzwasser kochen und abtropfen lassen.
- Butter im Mixtopf **2 Min. /100°C /Stufe 1** schmelzen.
- Mehl hinzufügen und **3 Min. /100°C /Stufe 1** anschwitzen.
- Alle Zutaten, bis auf die Nudelplatten und die Meeresfrüchte, in den Mixtopf geben, **5 Sek. /Stufe 5** verrühren.
- Lasagneplatten halbieren oder Kreise ausstechen und abwechselnd mit Soße und Meeresfrüchten in 4 kleinen Auflaufförmchen schichten.
- Die Lasagne **ca. 25 Min.** im Backofen backen.

Grüne Bandnudeln mit Lachs

Zutaten für ca. 4 Personen

150 g	Blattspinat (TK), aufgetaut
1500 g	Wasser
350 g	grüne Bandnudeln
1	große Zwiebel
2	Knoblauchzehen
15 g	Butter oder Öl
250 g	Lachsfilet
200 g	Sahne
35 g	Schmelzkäse
150 g	Tomaten, gewürfelt
½	unbehandelte Zitrone
Salz und Pfeffer nach Belieben	
100 g	Schafskäse, zerbröselt

Zubereitung

- Backofen vorheizen auf **200°C Ober- /Unterhitze**, die Auflaufform einbuttern.
- Spinat ausdrücken und grob zerkleinern.
- Wasser im Mixtopf **8 Min. /100°C /Stufe 1** kochen.
- Nudeln hinzufügen, **6 Min. /80°C /⟳** garen, abgießen u. in die Auflaufform umfüllen.
- Zwiebel u. Knoblauch im Mixtopf **3 Sek. /Stufe 5** zerkleinern.
- Butter oder Öl hinzugeben und **5 Min. /Varoma /Stufe 1** dünsten.
- Lachsfilet waschen, trocknen, in 2 x 2 cm kleine Würfel schneiden und zu den Nudeln geben.
- Sahne, Spinat, Schmelzkäse, Tomatenwürfel sowie Saft u. Abrieb der Zitrone zu den Zwiebeln geben, **30 Sek. /⟲/⟳** vermischen und mit Salz und Pfeffer abschmecken.
- Die Soße auf die Nudeln gießen, mit Schafskäse bestreuen und für **ca. 25 Min.** backen.

Muschelnudeln mit Hackfleischfüllung

Zutaten für 4–5 Personen

200 g	Käse, in Stücken z.B. Gouda
1	große Zwiebel, geviertelt
2	Knoblauchzehen
30 g	Butterschmalz
400 g	Muschelnudeln
700 g	Hackfleisch
250 g	Sahne
150 g	Fond, z.B. Rind
1 El	Oregano
1 El	Thymian
1 Tl	Salz
½ Tl	Pfeffer

Zubereitung

- Backofen auf **220°C Ober- /Unterhitze** vorheizen.
- Käse im Mixtopf **4 Sek. /Stufe 8** zerkleinern und umfüllen.
- Zwiebel und Knoblauch **3 Sek. /Stufe 5** zerkleinern.
- Butterschmalz dazugeben und **5 Min. /Varoma /Stufe 1** dünsten.
- Nudeln nach Packungsanweisung bissfest kochen und gut abtropfen lassen.
- Hackfleisch, Sahne, Fond und Gewürze hinzufügen, mit dem Spatel kurz vermengen und **7 Min. /100°C /⟳/Stufe 1** kochen.
- Die Hackmasse in die Nudeln füllen und diese dann in einer Auflaufform schichten.
- Den restlichen Topfinhalt über die Nudeln geben und mit Käse bestreuen.
- Den Auflauf **ca. 15 Min.** backen bis der Käse schön geschmolzen ist.

Ravioliauflauf mit Lachs und Spinat

Zutaten für ca. 4 Personen

250 g	Blattspinat (TK), aufgetaut
400 g	Ravioli (FP Kühltheke)
1–2	Zwiebeln, in Stücken
1	Knoblauchzehe
2 El	Öl
90 g	rote Paprika (Glas)
250 g	Lachs
3	Eier
200 g	Sahne
½ Tl	Salz
etwas Pfeffer	
50 g	Gouda, gerieben

Zubereitung

- Spinat ausdrücken und etwas salzen und pfeffern.
- Die Hälfte der Ravioli in eine gefettete Auflaufform oder Kuchenspringform legen.
- Backofen auf **180°C Ober- /Unterhitze** vorheizen.
- Zwiebeln und Knoblauch im Mixtopf **4 Sek. /Stufe 5** zerkleinern und mit dem Spatel runterschieben.
- Öl und Spinat hinzufügen, **4 Min. /Varoma /Stufe 1** dünsten.
- Paprika in Streifen schneiden, 3–4 als Deko zur Seite legen.
- Lachs waschen und in 2 x 2 cm kleine Würfel schneiden.
- Eier, Sahne, Salz und Pfeffer zu dem Spinat geben und **10 Sek. /Stufe 3** vermengen.
- Lachs und Paprika auf den Ravioli verteilen.
- Die restlichen Ravioli darauf legen und mit der Spinatmasse übergießen.
- Mit Käse bestreuen und **ca. 30 Min.** backen.
- Die zur Seite gelegten Paprikastreifen als Deko darauf verteilen.

Vegetarischer Nudel-Gemüse-Auflauf

Zutaten für ca. 3 Personen

100 g	Käse z.B. Gouda, in Stücken	100 g	Gemüsefond
1500 g	Wasser mit 1–2 Tl Salz	50 g	Weißwein
400 g	Nudeln z.B. Penne mini	200 g	Sahne
½	rote Paprika	1	Ei
½	gelbe Paprika	1 Tl	Salz
120 g	Champignons	¼ Tl	Pfeffer
1	Knoblauchzehe	2	Fleischtomaten, entkernt und gewürfelt
1	große Zwiebel, halbiert		
15 g	Öl	30 g	Rucola, in Streifen

Zubereitung

- Käse im Mixtopf **4 Sek. / Stufe 8** zerkleinern und umfüllen. Den Mixtopf spülen.
- Wasser in den sauberen Mixtopf füllen, **8 Min. / 100°C / Stufe 1** zum Kochen bringen.
- Nudeln hinzufügen und **10 Min. / 80°C / ↻ / Stufe 1** garen, abtropfen lassen und in eine gefettete Auflaufform umfüllen.
- Paprika u. Champignons im Mixtopf **6 Sek. / Stufe 5** zerkleinern und umfüllen.
- Knoblauch u. Zwiebel **3 Sek. / Stufe 5** zerkleinern.
- Öl hinzugeben und **5 Min. / Varoma / Stufe 1** dünsten.
- Champignonmischung hinzufügen und weitere **7 Min. / Varoma / Stufe 1** dünsten.
- Fond, Wein, Sahne, Ei und Gewürze hinzugeben und **15 Sek. / ↻ / Stufe 2** vermengen.
- Tomatenwürfel und Rucola mit den Nudeln vermischen.
- Die Soße über die Nudeln gießen, mit Käse bestreuen und für **ca. 30 Min.** im Backofen backen.

Schweinefiletauflauf mit Gnocchi

Zutaten für 3–4 Personen

50 g	Gouda	1 Dose	Pfifferlinge
500 g	Gnocchi (Fertigprodukt)	200 g	Sahne
1500 g	Wasser	1 El	Crème fraîche
20 g	getrocknete Steinpilze	1	Spritzer Zitronensaft
600 g	Schweinefilet	½ Tl	Salz
1	Zwiebel, geviertelt	½ Tl	Zucker
1	Knoblauchzehe	etwas Pfeffer	
2 El	Öl		

Zubereitung

- Käse in den Mixtopf geben, **4 Sek. / Stufe 5** zerkleinern und umfüllen.
- Die Gnocchi in das Garkörbchen füllen.
- Wasser in den Mixtopf geben, Garkörbchen einhängen, **10 Min. / 100°C / Stufe 1** garen und umfüllen. Den Mixtopf leeren.
- Die Steinpilze in einer kleinen Schale mit Wasser einweichen.
- Das Filet waschen, säubern, trocken tupfen und in 2 cm dicke Scheiben schneiden.
- Backofen auf **180°C Ober- / Unterhitze** vorheizen.
- Zwiebel und Knoblauch **3 Sek. / Stufe 4** zerkleinern.
- Öl hinzufügen und **4 Min. / Varoma / Stufe 1** dünsten.
- Abgetropfte Pilze, Sahne, Crème fraîche, Zitrone und Gewürze zu den Zwiebeln geben, **30 Sek. / ↺ / Stufe 2** vermengen.
- Gnocchi in eine Auflaufform füllen. Schweinefilet salzen, pfeffern und darauf verteilen.
- Die Pilzmischung darüber gießen und mit Käse bestreuen.
- Den Auflauf **ca. 25 Min.** backen.

Süßer Mangoauflauf

Zutaten für 3–4 Personen

300 g	Mango
2	Eiweiß
½	Zitrone, Saft u. Abrieb
1 P.	Vanillezucker
4	Eigelb
30 g	Zucker
30 g	Mandeln, gemahlen
250 g	Speisequark mit 20 % Fett

Puderzucker zum Bestäuben

Zubereitung

- Mango schälen, halbieren und in Scheiben schneiden.
- Backofen auf **200°C Ober- /Unterhitze** vorheizen.
- Rühraufsatz einsetzen, Eiweiß hinzufügen, **3 Min. /Stufe 3** steif schlagen und umfüllen.
- Rühraufsatz entfernen.
- Die restlichen Zutaten in den Mixtopf geben und **1½ Min. /Stufe 6** vermengen.
- Eiweiß hinzufügen und mit dem Spatel unterheben.
- Die Masse in eine Auflaufform oder 4 Portionsförmchen füllen.
- Die Mangoscheiben darauf verteilen und **ca. 30 Min.** backen (Bei Portionsförmchen verringert sich die Backzeit auf ca. 20 Min.).
- Vor dem Servieren mit Puderzucker bestäuben.

Bratapfelauflauf

Zutaten für ca. 4 Personen

5	Boskoop Äpfel
50 g	Apfelschnaps
400 g	Milch
400 g	Sahne
2 P.	Vanillepuddingpulver
100 g	Zucker
50 g	Rosinen

Tipp:

Schmeckt besonders lecker wenn er noch lauwarm serviert wird.

Zubereitung

- Äpfel schälen, entkernen und in Spalten schneiden.
- Die Spalten mit dem Apfelschnaps beträufeln und ca. 30 Min. ziehen lassen.
- Die Auflaufform einfetten und die Spalten darin verteilen.
- Backofen auf **175°C Ober- /Unterhitze** vorheizen.
- Rühraufsatz einsetzen.
- Die restlichen Zutaten in den Mixtopf geben, **7 Min. /100°C /Stufe 2** einen Pudding kochen.
- Die Masse über die Äpfel gießen und im Backofen **ca. 50–60 Min.** backen.

Ricotta-Beeren-Auflauf

Zutaten für ca. 4 Personen

250 g	Erdbeeren
250 g	Blaubeeren
75 g	Zucker
2	Eier
1	Spritzer Zitronensaft
250 g	Ricotta
3 Tl	Speisestärke
50 g	Mandelblättchen

Zubereitung

- Backofen auf **200°C Ober- /Unterhitze** vorheizen.
- Die Beeren waschen und putzen, die Erdbeeren vierteln und mit 4 El Zucker vermischen.
- Zucker, Eier und Zitronensaft im Mixtopf **3 Min. /Stufe 3** cremig aufschlagen.
- Speisestärke und Ricotta hinzufügen, **1 Min. /Stufe 3** unterrühren.
- Beeren zu der Ricottamischung hinzugeben und mit dem Spatel unterheben.
- Den Topfinhalt in eine ausgebutterte Form füllen und mit Mandeln bestreuen.
- Den Auflauf **ca. 30–35 Min.** backen.

Grießauflauf mit Blutorange

Zutaten für ca. 4 Personen

4	Blutorangen oder Orangen
2 cl	Orangenlikör
4	Eigelb
90 g	Zucker
2 P.	Vanillezucker
300 g	Joghurt
150 g	Hartweizengrieß
250 g	Sahne
40 g	Mandeln, gehackt

Puderzucker zum Bestäuben

Zubereitung

- Backofen auf **180°C Ober- /Unterhitze** vorheizen.
- Orangen schälen, filetieren und mit Likör beträufeln.
- Eigelb, Zucker und Vanillezucker in den Mixtopf geben, **1 Min. /Stufe 4** schaumig rühren.
- Joghurt, Grieß und Sahne hinzufügen, **1½ Min. /Stufe 4** untermischen.
- Eine Auflaufform oder 4 kleine Förmchen ausbuttern und mit der Masse befüllen.
- Orangenfilets darauf verteilen, dabei leicht andrücken und mit Mandeln bestreuen.
- Im vorgeheizten Backofen **ca. 25–30 Min.** backen.
- Vor dem Servieren mit Puderzucker bestäuben.

Pfirsichauflauf

Zutaten für ca. 4 Personen

8	Pfirsichhälften (Dose)
120 g	Löffelbiskuits, halbiert
6	Eier
90 g	Puderzucker
200 g	Milch
200 g	Sahne

Zubereitung

- Backofen auf **180°C Ober-/Unterhitze** vorheizen.
- Pfirsiche zum Abtropfen in ein Sieb geben.
- Löffelbiskuits grob in 2–3 Teile zerkleinern und in eine Auflaufform geben.
- Die Eier trennen.
- Rühraufsatz einsetzen, Eiweiß im Mixtopf **3½ Min./Stufe 3** steif schlagen und umfüllen.
- Den Rühraufsatz herausnehmen.
- Puderzucker in einer Pfanne leicht braun karamellisieren lassen, mit der Milch ablöschen und anschließend abkühlen lassen.
- Eigelb, Sahne und Karamellmilch in den Mixtopf geben, **1 Min./Stufe 4** cremig rühren.
- Eiweiß hinzugeben und mit dem Spatel unterheben.
- Die Soße über die Löffelbiskuits gießen und mit den Pfirsichhälften belegen.
- Den Auflauf **ca. 40 Min.** im Backofen backen.

Kirschauflauf

Zutaten für ca. 4 Personen

1	Glas Kirschen
4	Eier
125 g	Butter, weich
250 g	Zucker
1 P.	Vanillezucker
250 g	Milch
50 g	Mandeln, gemahlen
250 g	Weichweizengrieß
125 g	Mehl
2 Tl	Backpulver

Puderzucker zum Bestäuben

Zubereitung

- Backofen auf **200°C Ober-/Unterhitze** vorheizen.
- Kirschen auf einem Sieb gut abtropfen lassen.
- Die Auflaufform einfetten.
- Die Eier trennen.
- Rühraufsatz einsetzen, Eiweiß im Mixtopf **4 Min./Stufe 4** steif schlagen und umfüllen
- Den Rühraufsatz entfernen.
- Eigelb, Butter, Zucker, Vanillezucker, Milch und Mandeln in den Mixtopf geben und **1 Min./37°C/Stufe 4** schaumig rühren.
- Grieß, Mehl und Backpulver dazugeben, **10 Sek./ Stufe 3** verrühren.
- Den Eischnee mit dem Spatel unterheben.
- Kirschen in die Form geben, die Masse darüber gießen und vermischen.
- Den Auflauf **ca. 50–60 Min.** backen.
- Vor dem Servieren mit Puderzucker bestäuben.

Hefezopf-Birnen-Auflauf

Zuaten für 4–5 Personen

400 g	Hefezopf vom Vortag
4	Eier
1 Prise	Salz
375 g	Milch
100 g	Zucker
1 Tl	Zimt
50 g	gehackte Mandeln
1	große Dose Birnen

Zubereitung

- Backofen auf **200°C Ober- /Unterhitze** vorheizen und eine Auflaufform einfetten.
- Die Hälfte des Hefezopfes in Stücken in den Mixtopf geben, **5 Sek. /Stufe 5** zerkleinern, in eine Schüssel umfüllen und den restlichen Hefezopf ebenfalls **5 Sek. /Stufe 5** zerkleinern und umfüllen.
- Den Mixtopf gründlich spülen, trocknen und den Rühraufsatz einsetzen.
- Eier trennen und das Eiweiß mit dem Salz im Mixtopf **4 Min. /Stufe 3** steif schlagen und umfüllen, anschließend den Rühraufsatz entfernen und den Mixtopf spülen.
- Milch einwiegen, **2 Min. /90°C /Stufe 1** erhitzen und dann über die zerkleinerten Hefezopfbrösel gießen.
- Eigelb, Zucker und Zimt in den Mixtopf geben und **2 Min. /37°C /Stufe 1** erwärmen.
- Die eingeweichten Brösel und die Mandeln zum Eigelb hinzugeben und **1 Min. /↺/Stufe 1** unterrühren.
- Den Eischnee mit dem Spatel unterheben und die Masse in die Auflaufform füllen.
- Die Birnen, in Spalten geschnitten, darauf verteilen und etwas andrücken.
- Den Auflauf **ca. 35 Min.** backen.

Raum für ihre Notizen

Raum für ihre Notizen